Brosse-toi le bec Cocopoulette !

Pour Simone et Robert, mes parents,
qui m'ont dit de me brosser le bec.

C. A.

Pour Gaspard.

V. M.

www.editions.flammarion.com

Éditions Flammarion – 87, quai Panhard-et-Levassor – 75647 Paris Cedex 13
ISBN : 978-2-0812-4534-1 – N° d'édition : L.01EJDN000577.N001
Imprimé en France par Pollina S. A. – 85400 Luçon – 04/2011 – L56531
Dépôt légal : mai 2011
Loi n° 49-956 du 16 juillet 1949 sur les publications destinées à la jeunesse

Brosse-toi le bec Coco poulette !

Clair Arthur

Vincent Mathy

Père Castor ■ Flammarion

– **Kit-kit, ki-dik !**

– Hein ? Comment ça ?

Ce n'est pas : **Kit-kit, ki-dik !** C'est : **Cot-cot, co-dac !**

Répète : **Cot-cot, co-dac !**

– **Kit-kit, ki-dik !**

KiT-KiT Ki-DiK !

– Eh bien, ça y est... Tu as attrapé une carie, dit Ninipoulette, la maman de Cocopoulette. Voilà ce que c'est que de ne jamais se brosser le bec. Approche… Eh bien, oui, tu as un petit trou dans le sourire ! Il va falloir réparer ça. Tu ne peux pas continuer de chanter comme ça.

Un trou dans le bec, ça fait une fuite, et après,
une carie, et voilà le travail,
tu chantes comme un tuyau percé !
Demain, je t'emmène chez le dentiste. Euh, chez le becquiste.

Le lendemain matin, Cocopoulette et sa maman Ninipoulette prennent l'autobus pour se rendre chez le becquiste qui habite au bord de la rivière. Au bord de la rivière ? Oui, le becquiste est un canard colvert. Il s'appelle Dudule.

Dans les roseaux, il a installé une pancarte :
« Dudule Lebidule, le mécano des mandibules ».

– Alors, ma poule, qu'est-ce qui ne va pas ?
demande Dudule à Cocopoulette.

– Je n'ai rien, tout va très bien, répond la petite poule.

KIT-KIT KI-DIK !

– Non, non, non, tout ne va pas très bien,
rectifie sa maman.
Chante devant monsieur le becquiste.

KIT-KIT KI-DIK!

– Ououououh… en effet…
Assieds-toi, dit Dudule
en montrant un vieux pneu qui sert de fauteuil.

KIT-KIT KI-DIK!

Pendant que le canard fouille dans ses tiroirs,
Cocopoulette regarde la grosse lampe au-dessus de sa tête.
Elle regarde aussi la roulette : une espèce de gros crayon
au bout d'un bras articulé qui sert à boucher les trous des becs.

Dudule met ses lunettes.
Il ouvre une boîte : « *Pâte pour bec de poule* ».
Avec une cuillère à café, il en tartine le bec de Cocopoulette.
Un coup de sèche-plumes...
et, roule ma poule, c'est sec.

– Vas-y, chante.

– **Poeut pouèt, tut tut tut !**
Poeut pouèt !

– Ououououh, il y a encore un problème. Maintenant, tu chantes comme un vieux klaxon. Je vais arranger ça.

Dudule plonge à nouveau dans ses tiroirs.
Cocopoulette regarde le bureau du becquiste.
Dessus, elle aperçoit la photo de trois enfants, dans un cadre.
Tous les trois en cravate et col vert. Elle voit aussi une affiche.
Une publicité pour un tube de becquifrice.
– Maintenant, ouvre le bec, ma petite Cocotte.

Becquaufluor
Le becquifrice
des forts en bec !

Dudule trempe le crayon de la roulette
dans un bocal sur lequel est inscrit :
« *Bouche-trou de bec pour pie, cygne, coucou et poule* ».
Eh, hop… roule roule roulette
dans le bec de poule poule poulette…

– À présent, rince-toi le gosier.

Et il tend à Cocopoulette un verre en feuille de chou,
rempli d'eau de la rivière.

Tout de suite après, Ninipoulette demande à sa fille de chanter.
Un cri extraordinaire sort alors du bec de Cocopoulette :
– **Caaaatt caat, cadaaak !**
Caaaatt caat, cadaaak !

Coc

Le long de la rivière, tous les animaux s'arrêtent
pour écouter la petite poule chanter.
Même la grenouille Barbara
qui a déjà chanté sur le trottoir, devant l'Olympia.
L'Olympiaaaa aah !

– Coin, coin, ah, si je pouvais chanter comme toi,
dit Dudule à Cocopoulette.
Tiens, en plus, je vais te faire un cadeau.
Une belle brosse à bec, avec un tube de becquifrice.
– Merci, Dudule. Tu veux que je te passe, moi, la « roule roulette »
pour chanter comme moi la « chanson chansonnette » ?
– Ououououh… non, non, merci, Cocopoulette…
mais, là, je dois soigner les dents d'une chèvre chevrette.

Caaat

– Caaaat caaat, cadaaaak cat !

Dans l'autobus qui les ramène à la maison,
Cocopoulette chante à tue-tête.
Dans un grand rire, Ginette,
la tortue qui conduit le bus, s'exclame :
– Ma parole, je transporte une chanteuse d'opéra !
D'opéraaa aah !

les P'tits albums du Père Castor

Les 4 saisons de Tilouloup
24 petites souris avant Noël
24 petites souris et la neige de Noël
L'arbre qui fit de Leïla une princesse
L'Attrapeur de mots
Blanc Bonhomme de neige
Brosse-toi le bec Cocopoulette !
C'est mon nid !
Castagrogne de Carabistouille
Célestin, le ramasseur du petit...
Cette nuit-là...
Chuuut !
Comptines et chansons...
Copains comme cochons
Dragon bleu dragon jaune
L'épouvantail qui voulait voyager
Étoile d'amour
Eustache et Raoul
Eva et Lisa
Feu Follet est très pressé
Gare à Edgar !
Le géant va venir ce soir...
Grand Loup et Petit Loup
La grande ourse d'Ikomo
Hector le loup...
Hip hip hip sorcière !
L'histoire du soir
Imagine...
J'ai oublié de te dire je t'aime
J'ai un énorme bobo
Je m'ennuie dans mon lit
Je ne trouve pas le sommeil
Je veux une petite sœur
Lou, la brebis
Loup ne sait pas compter
Loup ne sait pas s'habiller
Ma Maîtresse est une ogresse !
Ma Maman Ourse est partie
Maman m'embête tout le temps
Manon cœur citron
Maxime Loupiot
Mère Citrouille
Le monstre de la jungle
Le monstre que personne n'a vu
Nasreddine
Nasreddine et son âne
Noël Baobab
Le Noël de Maître Belloni
La nuit du Mélimos
L'ours vagabond
Pas dodo !
Pénélope la Poule de Pâques
Personne ne m'aime
Petit Âne veut être un loup
Petit Oursin
La petite fille du port de Chine
La petite fille et les loups
Petite Lili dans son grand lit
La petite souris qui a perdu...
Pipi Caca Popot !
Le plus féroce des loups
Qu'est-ce que j'ai dans la tête ?
Qui est le plus rusé ?
Rentrée sur l'île Vanille
Rien qu'un méchant loup !
Le roi qui rêvait d'être grand
Les rouges et les noirs
Sango et la rivière
Le serpent à fenêtres
Le seul roi, c'est moi !
La sieste des mamans
Snow, le petit esquimau
Titou peur de tout
Très, très fort !
Les trois grains de riz
Un bleu si bleu
Un loup... dans ma chambre ?
Le voyage de Lou